모자

이우걸 시집

시인동네 시인선 098　　　　　　　　　　　이우걸 시집

모자

시인동네

시인의 말

　전통적이고 유미적인 것에서 현실적이고 현장적인 관점으로, 다시 서정과 현실의 조화를 고민하다가 초월적인 미학을 추구하려고 노력했다.

　말이 주인 따라 고분고분 잘 다니는 것은 아니다.
　여기 실린 작품들은 어떤 꿈에 젖어 있는지 모르겠다.

　그러나 나는 쓸 것이고
　쓰고 싶은 많은 것들이 있다.

2018년 8월
이우걸

차례

시인의 말

제1부

가을비 · 13

발견 · 14

등 · 15

집 · 16

눈과 귀 · 18

배 · 19

시집 · 20

튤립 · 21

모자 · 22

이우걸 전집을 다시 읽으며 · 24

국수처럼 · 25

어둠을 연주하는 두 개의 에스키스 · 26

껌 · 28

하늘안과 · 29

묵언 시집 · 30

꺼지지 않는 불꽃 · 32

제2부

사과 · 35

마지막 기도 · 36

데드마스크 · 37

장사익 · 38

길 · 39

물에 대하여 · 40

줄 이야기 · 41

숙제 · 42

11월 · 43

약 · 44

나는 아직도 · 45

쓰디쓴 상처였다 · 46

문자 메시지 · 47

눈물 · 48

침대 · 49

터미널 엘레지 · 50

추서 · 52

제3부

단풍잎 · 55

우포 이야기 1 · 56

우포 이야기 2 · 57

우포 이야기 3 · 58

품 · 59

산으로 가고 있다 · 60

오후 · 61

보름달 · 62

위양못 · 63

봄비 · 64

낙화유수 · 65

고향 · 66

겨울 미사 · 67

맑은 봄날 · 68

못가에 앉아서 · 69

구름 · 70

능소화 · 71

결혼 · 72

제4부

아침 식탁 · 75

카페 피렌체에서 · 76

영화관에서 · 77

프라하 공항 · 78

북천역 · 79

명가네 닭갈비집 · 80

휴대폰 · 81

휴대폰 2 · 82

카카오톡 · 83

남강찬가 · 84

덕봉서원 · 85

서울역 엘레지 · 86

카페 '느림' · 87

팔판 마을 · 88

라면 · 89

불황 · 90

해설 존재의 심연과 영혼의 집 · 91
       김경복(문학평론가·경남대 교수)

제1부

가을비

대청마루 끝에 앉아 빗소리 듣는다

누나들 시집가고 엄마만 남은 집에

다저녁 그리움 껴입고

빗소리 듣는다

발견

부모님의 봉분은 늘 하나의 질문이지만
아직도 그 질문에 답하지 못하고 있다
내게는 삶에 대해서
늘 준비가 부족하다

꽃피고 새가 울 때 그 질문을 생각한다
눈, 비 오고 바람 불 때도 그 질문을 생각한다
막연한 상상이지만 나만의 과제이므로

가을날 성묘를 하고 낙동대교를 건너오면서
노을을 안고 흐르는 핏줄 같은 강을 보았다
잠시 본 그 흐름 속에
어떤 답이
있는 듯했다

등

등은 쉽게 등끼리 친해지지 않지만
가까이 서로 기대면 산맥 같은 성이 된다

그 성에 갇히기 싫어
혼자 사는 등도 있다

집

한 권의 건축을

밤마다 꿈꾸고 있다

내가 가진 세계의 수많은 이모티콘으로

내면의 허기를 메울

그런 집을 꿈꾸고 있다

낡고 병든 언어에 대책 없이 애착을 갖던

지난날의 감상을 아프게 자책하며

새로 필 꽃들을 위한

말의 집을 꿈꾸고 있다

꿈이란 지상에 없는 저 너머의 무지개지만

때로는 종교가 되고 때로는 철학이 되는

밤마다 간구해오던

내 기도가

영글 집을

눈과 귀

눈이 밝았을 땐 귀가 어두웠지요

어쩐지 남의 얘긴 들리지 않았으니까

이제는 귀가 열리는데

자꾸 눈이

어두워져요

배
—반구대 암각화

배는 생을 적재한
가파른 개척의 이기(利器)

누구도 알 수 없는 비와 바람과 파도를 향해

새로 뜰 태양을 꿈꾸며
자신을
저어 갔다

시집

시집이란 한 시인의 울음이 사는 집이다
슬프게 울거나 기쁘게 울거나
우리는 그 울음소릴 노래처럼 읽곤 하지만

가슴에 품어보면 한없이 정겹고
떼어놓고 바라보면 어쩐지 짠해오는
불면의 밤이 두고 간
아, 뜨거운 문장들

튤립

여자들의 입술이

촉촉이 젖어 있다

청춘의 연애란 살을 에는 풀무 같은 것

태양에 몸을 섞으며

서서히

부풀어 간다

모자

1

모자의 내면을 다 읽는 사람은 없다
모자는 모자니까 그저 쓰고 있을 뿐이다
그러나 그저 단순히 모자인 모자는 없다

튼튼한 방패거나, 섬세한 장식이거나, 눈부신 휘장이거나
또 하나의 가면이거나……

수많은 필요에 의해
모자는 태어난다

2

오늘 아침 세수를 하다
속이 빈 머리를 보고
내 허전을 달래기 위해 백화점에 나와서

비로소 모자를 본다

모자를

읽어본다

이우걸 전집을 다시 읽으며

아직도 나를 대변할 어울리는 작품이 없다
이것은 겸손도 과장도 아니다
애초에 가지고 싶은 내 얼굴이 없었던 걸까

아무리 변명해 봐도 쓸쓸한 저녁이다
갈 곳을 못 정한 채 온종일 서 있다가
이제사 가야 할 주소를 확인하고 있는 것처럼

신호등은 간단없이 눈망울을 굴리지만
나는 그저 멍한 자세로 앞을 보고 있을 뿐이다
지나온 많은 길들이 밤비에 젖고 있다

국수처럼

약은 듯 매끄럽지만 적당히 어울리고
마음 맞으면 물처럼 넘어가 주는
팍팍한 세상 사는 덴 국수가 제격이라고

몇 번을 곱씹으며 이럴 땐 참아보자고
물처럼 흐르자고 국수처럼 넘어가자고
알지만 이것도 참으면 굼벵이만도 못한 생을

어둠을 연주하는 두 개의 에스키스

풍경 1

기울어진 시대의 뒷덜미를 물어뜯으며
병든 하이에나가 슬프게 울고 있다
비굴은 이런 밤에만
기생하는 바이러스다

함성은 수면 아래로 잠든 듯 고요하고
새로운 발걸음들이 출구를 찾는 시간
세계는 알 수 없는 미래의
프로그램을 돌리고 있다

풍경 2

안테나가 휘어져 있다

영상도 휘어져 있다

수신도 송신도 지금은 가망이 없다

폭우는 계속 내리고

여론은 깃발 같고

껌

　미군이 씹다 버린 츄잉껌을 주워서, 벽에 붙여놓고 기뻐하던 시절이 있었다
　허기를 잊기 위해서 하염없이 씹던 껌……

　무용한 절차라지만 인생에 직행은 없다, 그 간극을 메우려고 껌이 필요했을까
　실없이 보내야 했던 허드렛물 같은 시간들……

　햇볕 쨍쨍거리는 야구장 스탠드에 앉아, 오랜만에 나는 본다 내가 씹던 그 껌을
　초조와 싸우고 있는 타자들의 입속에서

하늘안과

언제부턴가 내 카톡엔 하늘안과가 들어와 있다
소재지도 모르는 이 병원은 부지런하다
서울행 열차 안까지 소식을 날라준다

박서영 간 뒤로는 어쩐지 궁금해졌다
하늘에서 보내주는 무슨 급한 소식 같아서
신호음 소리만 나도 지레 놀라곤 한다

살고 죽는 일이란 피치 못할 일상이지만
목숨 걸고 시를 쓰던 그 모습 떠오를 때면
이름만 걸고 살아온 내 모습이 비춰보인다

묵언 시집
—김춘수

한 채의 고요였다

적막한 사원이었다

질문을 가졌지만

대답 또한 내 몫이었다

책장을 넘길 때마다

찬바람이 불곤 했다

서가를 정리하다

다시 마주쳤다

주의 깊게 살폈지만 같은 표정이다

거대한 상상의 숲이

날개를 접고 있다

꺼지지 않는 불꽃*

조국 위해 목숨을 던져 한 권의 책이 되고
그 책의 불꽃이 영원히 사위지 않는
그런 땅, 그런 나라에
어머니가 계셨네

소년, 소녀는 자라서 사랑에 눈을 뜨고
그 사랑 열매 맺어 영원하라 맹세할 때
맨 먼저 이곳에 와서
고개를 숙이네

---

*꺼지지 않는 불꽃: 우즈벡의 성지 이름. 2차 대전 때 전사자의 이름이 새겨져 있고 어머니 상이 있다. 청년들은 결혼 후 이곳을 참배한다.

제2부

사과

아침 식탁에 사과가 놓인다

내 사과는 언제나 찻잔 같은 것이다

그녀가 심장을 보이며
어색하게
웃고 있다

마지막 기도

너를 생각하며 이 다리를 건너왔다
아무리 되돌아봐도 이 길밖에 없었다
건너온 이 다리마저
남아 있지 않을 것이다

나는 누구인가
나는 네게 무엇인가
밤새 뒤척여도
떠오르는 답이 없지만
창가에 햇살 비치면 또 너를 그리워하리

너도 내게 무엇이라고 부를 수 없으리라
그러나 이 광야에서 정처 없이 헤맬 때
맨 먼저 등불을 들고 나를 찾아주기를

데드마스크

동맥도 정맥도 보이지 않는다
살아서 허공을 찌르던 오만한 손가락도
독기를 품고 내뱉던
폭력적인 그 어투도……

한때나마 단호했던 광대뼈의 고집도
그를 잠시 흔들던 봄볕 같은 사랑도
늦가을 낙엽들처럼 다 쓸려가고 없다

누가 이 풍경에 덧칠을 하고 있는가
이제는 증언할 아무것도 없는데
철 지난 조영 앞에서
왜 자꾸 서성이는가

장사익

어둠을 퍼내기 위해 태어나는 악기도 있다
그 악기의 일생이란 늘 울음의 나날이지만
우리는 그 울음 때문에
밝아지는
세상을 본다

길

처음에는 먼 길이라서 불행하다 여겼지요

내 몫의 길이 남아서 지금은 행복합니다

아무리 멀고 험해도

가야 할 길이라면

물에 대하여

떨어지는 폭포수도 나름의 금도가 있다
온갖 악다구니로 숱한 밤을 지새우지만
바다에 닿을 때쯤엔
귀로 들을 소리가 없다

줄 이야기

세상은 아무리 봐도 줄잡기 시합 같다
잡은 뒤 헤아려보면 불안하긴 한가지지만
그 줄을 놓치고 나면 다시 잡기 어려워서

사는 동안 우리는 늘 그 교리를 섬겨 왔다
내 힘으로 서 있다고 허공에다 외쳐보지만
오히려 메아리 소리에 으스스 몸을 떨면서

눈만 뜨면 나는 서 있고 앞뒤에 누가 있다
별다른 의지도 없이 그 흐름은 줄이 되고
그 줄이 나를 데리고 어디론가 가고 있다

숙제

바닥난 우물 깊숙이 두레박을 드리우듯
아버지의 발을 그린다
조심조심 그린다
세상의 짐이 무거워 잠에 빠진 그 발을……

한 번도 다정스레 안아준 적 없었지만
한 번도 다정스레 불러준 적 없었지만
새벽에 불을 켜놓고
아이는 발을 그린다

11월

 불임으로 시들어가는 도시의 자궁을 향해, 사내들은 부질없이 큐피드를 던지고 있다
 철 지난 캘린더같이 떨어지는 낙엽들이여

약

약은 경비병처럼 나를 노려본다
처음에는 신기하고 주체 못할 친절 같았고
언덕을 넘기 전에는
테라스의 화분 같았다

생은 긴 여행이고 기쁨도 많지만
기쁨만큼 어느덧 피로는 쌓여서
마침내 통행료 같은
너와 정을 나눈다

나는 아직도

나는 아직도 원고지에 글을 쓴다
그래서 파지처럼 찢겨지는 마음을 안다
찢겨진 그 마음들을
보살피는 길도 안다

쓰디쓴 상처였다

다시금 출항의 깃발을 올려야 한다
어제는 어제만큼의 매듭이 남아 있다
지나간 파도라지만
쓰디쓴 상처였다

이 지루한 생의 연극은
늘 맞는 우리의 일상
그래도 신발 끈 죄어
또 한 번 나서보려고
신새벽 조간을 들고
변기에 앉아 있다

문자 메시지

어떤 걱정도 단순화되어야 한다

유성처럼 흘러내리는 순간의 말들이지만

섣불리 감정을 쏟으면

오래 앓게 된다

눈물

평소엔 말수가 적고 손이 차갑지만, 실은 내면 깊숙이 갇혀 있는 마그마들이

불현듯 그의 평온을 뚫고 나올 때가 있다

침대

이름 그대로 잠드는 곳이라지만
최근엔 마음 놓고 누워본 적이 없다

시간은 부석거리고
밤은 낯선 역과 같았다

터미널 엘레지

그는 눈물이 없는 매서운 사람이다

먼저 간 많은 이별을 묵묵히 견디면서

그것이 미덕인 것처럼

그렇게 살아왔다

어릴 적 부모님이 그렇게 가르쳤고

칼날 같은 인연들이 그렇게 가르쳤고

도방의 찬바람들도 그렇게 단련시켰다

오늘은 먼 데서 올 옛사람을 기다린다

빈 벽에 기대선 그림자가 쓸쓸한 오후

자신을 되돌아보니

용감하지도 못했다

추서

생물의 기간이야 아쉽고 덧없는 것, 아무도 그 운명을 비껴갈 순 없다
표표히 자네 떠난 지 벌써 십 년이 흘렀네

이제 그 흔적을 여기에 새기나니, 유정한 발걸음 있어 이 비문을 살피거든
자간(字間)에 새긴 마음까지 다 읽어 주시기를

제3부

단풍잎

단풍잎은 자기가 늘 꽃인 줄만 알았지요

그래서 찬바람에 쓸려가던 그 저녁까지

한 번도 스스로의 생을

돌아보지 못했습니다

우포 이야기 1
―질경이

도방에 터를 일구는 억보 같은 여자가 있다
줄줄이 생긴 피붙이 다 챙겨 데불고
친정도 시가도 없는
맨땅에다 뿌릴 박는다

우포 이야기 2
—배

노을 실을 뱃전도 없다
흥 부릴 어깨도 없다
그저 함께 살아온 식구 같은 붕어 몇 마리
백발의 어부를 따라 집으로 가고 있다

우포 이야기 3
―가시연꽃

낮에는 꽃이 되고 밤에는 별이 된다

보랏빛 여린 숨결은 그 나라의 찬란한 깃발

가시를 세워 지켜온

향기로운 영토여

품

그늘이란 대개 어둠으로 치부되지만
내 고향 느티나무는 그늘이 재산이라네
수백 년 가문의 화목도
그 그늘이 일궈 주셨네

큰 걱정 생기면 먼저 가서 빌었고
외치고픈 비밀 있으면 그 아래서 중얼거려
종손이 모르는 일도 느티나무는 알고 계셨지

아버지 가신 지 사십 년이 흘렀고
어머니 가신 지는 삼십 년이 되어가지만
고향엔 아직도 뵙고 싶은
느티나무 한 분 계시네

산으로 가고 있다

오래 보아온 눈 익은 가을 산으로

나는 가고 있다 나뭇잎을 밟으며

낙엽은 그 길을 따라

추억처럼 흩어져 있다

어떤 플랜이 맴돌곤 하지만

지금은 나를 가르칠 무욕(無慾)이 필요한 시간

바위나 돌을 만나러

산으로 가고 있다

오후

의자와 지폐를 쫓던

시간들이 흘러갔다

먼 데 구름과도 눈 맞출 수 있게 되었다

낙엽을 깔고 앉아서

바둑돌을

가리고 있다

보름달

오늘밤 사제는

저 하늘의 달님이다

간구의 손 모으고

조용히 눈을 감으면

한 말씀 둥글게 담고 조심조심 떠오른다

위양못

전각에 누가

등을 켜놓았다

꽃잎처럼 그 불빛이 물결을 흔드는 동안

잠 못 든 수초 잎들은

밤하늘을 읽고 있다

봄비

장독간 양은그릇이 봄비를 받고 있다
사뿐사뿐 오는 비를 양은그릇이 받고 있다
쟁쟁쟁 소리를 내며 신나게 받고 있다

낙화유수
―진해 여좌천에서

허공에서 길을 잃은 나비들의 망명이네, 지는 봄이 마련한 슬픈 연문이네

    냇물은 꽃잎을 싣고
    하염없이 흘러가네

고향

그 길을 돌아서 간 그는 끝내 오지 못했다 토담엔 이끼가 끼고 해마다 풀이 나고,

그 위를 비, 바람들이 수없이 지나갔다

지금은 이사를 하고 집들마저 허물어진 채, 치매 앓는 노파가 맞아야 할 밤이 있거나

모르는 사람들이 와서 새 삶을 일구고 있다

역사가 되었을까 피안으로 갔을까, 달 밝은 밤이면 자주 그를 보고파 하던

나이 든 피붙이들도 뒷산으로 가고 없다

겨울 미사

대청성당 뜨락에 흰 눈이 내리고 있다

미사포를 쓰고 있는 주일의 여인들처럼

고요를 받들고 있는

나무들이 숙연하다

맑은 봄날

비가 그치자 나무들 표정이 밝다

물관부는 가볍게 수액을 밀어올리고

꽃들은 잎 먼저 나와

바람에 하늘거린다

벌들이 다투어 꽃가루를 옮기듯이

언제나 자연은 안 보이는 싸움이지만

오늘은 냇물 흐르듯

천지가 화평하다

못가에 앉아서

물수제비 물수제비 수십 개 원을 그리며
제 모르는 인연을 구석구석 찾아 헤맬 때
봄날은 햇살을 데워
하늘을 열어놓고

버들치 피라미 색 고운 붕어 몇 마리
잡힐 듯 잡힐 듯 어지러이 떴다 잠기면
수초들 제 품을 열어
그것들을 안아주고

구름

믿음이 없었다고 소쩍새가 운다
참아야 했었다고 소쩍새가 운다
하늘엔 부는 바람뿐 오래 묵은 그리움뿐

주소도 모르는 얼굴을 떠올리며
난간에서 나눈 얘기를 어제처럼 생각해내며
사소한 말 한마디로 돌아섰던
길을 헤매며……

강은 제 흐름을 즐기며 가고 있고
풀꽃들은 가진 향기를 천지에 뿌리는데
그 무슨 방향도 없이
나는 바삐 흐르고 있네

능소화

그녀의 손끝에 내 전부가 매달려 있다

숫된 마음이 만난 우레 같은 설레임

한 계절 나를 견디면

또 몇 뼘쯤 키가 클지……

결혼

난장에 떨이처럼 내놓은 내 손을

생각 없는 여자 하나가 덥석 잡아주었다

그 일이 고맙고 미안해서

지금까지 살고 있다

제4부

아침 식탁

오늘도 불안은 우리들의 주식(主食)이다
눈치껏 숨기고 편안한 척 앉아보지만
잘 차린 식탁 앞에서 수저들은 말이 없다

싱긋 웃으며 아내가 농을 걸어도
때 놓친 유머란 식상한 조미료일 뿐
바빠요 눈으로 외치며 식구들은 종종거린다

다 가고 남은 식탁이 섬처럼 외롭다
냉장고에 밀어 넣은 먹다 남은 반찬들마저
후일담 한마디 못한 채 따로 따로 갇혀 있다

카페 피렌체에서

당신이 베니스에 가 있는 동안에도
카페 피렌체에서 나는 차를 마신다
밤 열 시 문이 닫히고 귀가하는 그 시각까지

벽에는 두오모 대성당이 걸려 있고
사람들은 기도처럼 하루를 속삭이지만
그곳에 홀로 앉아서 나는 차를 마신다

바닷물은 없지만 곤돌라는 없지만
인생이란 노를 젓는 뱃사공의 하루 같은 것
당신이 베니스에 있는 동안
나는 나를 마신다

영화관에서

영화관은 백지처럼 나를 풀어놓는 곳
영화가 시작되면 나는 나를 생각한다
불 꺼진 그 시간만큼
그 시간의 길이만큼

나는 나를 생각하다 곧잘 잠에 빠지곤 한다
옆 사람이 깨우고 그때 눈을 떠보면
벽들은 낯선 표정으로 물끄러미 서 있다

대저 몰입이란 철저한 망각인 것
이 전쟁의 세상에서 한 모금의 안도를 위해
엔딩이 부를 때까지
나는 다시 눈을 감는다

프라하 공항

응접실엔 두 개의 잔이 있다고 하자
그 잔에 벨벳 빛깔의 액체가 담겨 있고
주인은 인사도 없이 건배를 청해온다면?

프라하 공항은 그런 표정이었다
낮은 하늘과 내리는 눈, 비뿐
혁명도 늦게 온 봄도 눈치챌 수 없었다

천문시계, 카를교, 체스키 크룸로프,
불 속으로 걸어갔던 후스의 종교개혁
담담한 프라하 공항은
먼저 말하지 않았다

북천역

창을 열면 조금 춥고 닫으면 조금 더운
시월 초순 바람 쐬러 북천행 기차를 탔다
일행들 마주 앉아서
정담도 나눠가며

하동장 가고 오는 한가로운 이 역에
타지서 온 사람들이 북새통을 이루자
철 만난 코스모스도 소녀처럼 나풀거렸다

뒷산의 무덤들 이마 맞댄 식구 같지만
실비 내려 스산한 저녁답 무렵에는
손수건 몰래 꺼내어
눈물 닦고 싶었다

명가네 닭갈비집

열한 시 반이 되어도 문은 닫혀 있다
스티로폼 벽으로 바람이 들락거리고
입구엔 광고 전단지만 어지럽게 흩어져 있다

이웃한 쌀가게는 꾸역꾸역 견디고 있고
그 옆의 키즈 카페만 아직은 부산하지만
그들도 머지않아서 이사를 갈 것 같다

골목에는 초병 같은 나목들이 서 있다
황량한 이 도시의 구름을 머리에 이고
연로한 철학자처럼 긴 사색에 빠져 있다

휴대폰

심드렁한 휴대폰을 바꾸기로 했다

실용이 아니라 새로움에 고파서

한때는 분신이었던 너를

바꾸기로 했다

질정 없이 헤매던 내 사랑도 그랬을까

비 내리는 창가에 서서 부질없는 낙서를 하듯

참, 오래 기대온 너에게

결별의 손을

흔든다

휴대폰 2

세계로 타전하는 가장 빠른 나의 입이여

세계를 수신하는 가장 빠른 나의 귀여

오늘은 너를 버리고

고요를 만나러 간다

카카오톡

햇살 고울 때쯤 만나자고 했었다
꼭 전할 말도 없고 줄 선물도 없지만
그렇게 간절한 약속을 해두고 싶었다

위양못 이팝꽃, 종남산 진달래꽃
어느 곳을 돌아본들 숨 가쁜 봄일 테지만
불현듯 실비 내리면
새로 듣는 음악 같으리

남강찬가

덕유에서 발원하여 경호, 덕천 합류하고
진양호에 닿은 뒤엔 숨길 한번 고른 뒤
고도를 적시며 흐르는 젖줄 같은 강물이여

진주대첩 7만 병사 맨몸의 애국시민들
세세연년 잊을까봐 마음에 불을 붙여
유등을 띄우고 사는 슬기로운 백성들의 강

인정도 녹이고 풍속도 담아서
이제는 강이 아니라 이 도시의 핏줄이 되어
사십만 얼로 흐르는 아름다운 역사다

덕봉서원

누가 심었을까 늠름한 조선 소나무
상청(常靑)의 기개가 하늘에 닿아 있고
새겨진 현판의 시문도 살아서 퍼덕이네

사백 년 조상의 혼령 세 채 고가에 어렸건만
백여 호 자손들 뿔뿔이 흩어지고
수목만 외롭게 남아 옛날을 그리워하네

서울역 엘레지

외로워서 찾기도 하고, 괴로워서 뜨기도 하고,
일 없어서 오기도 하고, 일에 지쳐 가기도 하는
서울역 젖은 광장에
오늘은 눈이 내리네

왜 왔니 자문하다가 왜 뜨니 자답하며
어둠이 깔리는 이 도시의 미로 속으로
한 사내 눈을 밟으며 흔들흔들 가고 있다

카페 '느림'

의좋은 자매가 이마를 맞대며

늦은 점심을 위해 찌개를 끓이는 시간

창밖엔 오래 기다린 봄비가 내리고 있다

동생의 자화상은 언제나 웃고 있고,

철 지난 유행가가 간주처럼 흘러나오는

이곳은 시계가 없는 시간들이 놀다 가는 곳

나는 이 오아시스에 둥지를 튼 노마드

그림을 보기도 하고 시집을 읽기도 하고

언니의 세상 얘기를 소설처럼 듣기도 하는

팔판 마을

아직도 산의 기개가 꺾이진 않았지만
중턱으로 고압선이 흐르고 있습니다
입구엔 교회 하나가
늘 기도를 하고 있고요

계곡엔 어디서든 새들이 노래하고
억새 잎은 물결처럼 바람에 나부낍니다
그 풍경 닮아서인지
사람들이 정겹고요

라면

라면 하면 삼양이다 그 라면을 오래 먹어서
삼양동이라 누가 외치면 고향 동네 이름 같다
꿈에 본 외갓집같이 무턱대고 가고 싶은

졸병 시절 보초 서고 끓여 먹던 라면발 끝엔
얼굴 모르고 주고받던 위문편지 사연같이
밤새워 다 못 헤아릴 그리움이 따라 나왔다

오는 비 핑계 삼아 라면을 끓이면서
어제처럼 그려지는 추억을 되새기면서
참 많이 만나고 헤어진 인정에 젖어본다

불황

드디어 저녁 밥솥이 긴 한숨을 내뿜고 있다

이 집의 고비들을 저 솥은 알고 있다

가등(街燈)도 골목에 서서

늦은 주인을 기다린다

해설

존재의 심연과 영혼의 집
― 이우걸 시의 의미

김경복(문학평론가·경남대 교수)

생의 감각과 존재의 심연

 기이하다. 하나의 시적 이미지가 나의 감각을 교란하며 이상한 생각을 자꾸 들게 한다. 시이니 가능하다고 고개를 주억거리지만 이런 느낌을 시인은 도대체 어떻게 가졌지 하는 의문에 몇 날이 몽롱하다. 저러한 이미지를 생산해내기까지 시인은 어떤 상념의 바다와 감각의 대지를 거쳐 왔는지 알지 못해 애가 탄다. 시가 하나의 심마(心魔)로 남아 전신을 싸고돈다. 나의 마음을 휘어잡는 시적 이미지는 이렇다.

  이름 그대로 잠드는 곳이라지만

최근엔 마음 놓고 누워본 적이 없다

시간은 부석거리고
밤은 낯선 역과 같았다

―「침대」 전문

  이우걸 시인의 이번 시집을 읽어가다가 감상의 파탄을 맞본 시는 위 작품이다. 시는 고희를 넘은 시인의 현존적 처지를 생각했을 때 죽음에 대한 불안을 잠을 자는 침대에 의탁해 썼구나 하는 내용으로 짐작할 만큼 그리 어렵지 않은 작품이다. 그런 해석의 차원에서 "시간이 부석거리고"의 감각이 특이하고, "밤은 낯선 역"이라는 표현은 좋은 발상이네, 정도에서 감상을 마치고 넘어갈 수 있다. 그런데 시간이 흐르고 날이 저물어 침대에서 나는 시간의 가위눌림을 경험했다. 이우걸 시인에게 '부석거리는 시간'이 나에게는 *끈적끈적한 물*이 되어 내리눌렀다. 그 잠시의 고통스런 경험, 그것은 시인의 이미지에서 촉발한 나의 반응이었다. 나도 죽음에 대해 저 안에서부터 떨고 있었구나 하는 순간적인 깨달음. 하나의 이미지가 나의 존재성에도 영향을 미쳐 나의 삶의 한 과정을 되돌아보게 하는 놀라움. 시의 이미지가 존재의 떨림을 이끌 수도 있겠다는 황홀감.

  그 후로 이 시는 계속 음미의 회로 속에 놓여 있었다. 다른 시를 보다가도 "시간은 부석거리고"의 이미지 앞에 서성이며 그것이 갖는 의미를 생각하였다. 시의 해설이 감상이 되는 것도 마다하지 않고 이를 해명하고 싶은 욕망에 사로잡혔다. 그것을 어떻게 말해야 좋을까? 시인이 무형적인 시간을 "부석거리는"이라는 구체적 사물로 공감각해낼 때 이러한 사단은 예비되어 있었다고 말할 수 있다. 특히 마른 것들이 잘게 부서지는 소리로 시간을 형상화했을 때 이는 죽음에 대한 공포의 실감을 예민하게 잘 드러냄으로써 보는 사람으로 하여금 직관적으로 공감하게, 그래서 전율케 하는 것이라 할 수 있는 것이다. 그런 차원에서 현존재의 실감을 저런 시조의 형식에 감각적이면서 압축적인 이미지로 담아낼 수 있는 시인의 공력에 대해 새삼 놀라지 않을 수 없다.

  이 점은 다시 이렇게 말해야 할 것 같다. 언제 어디에 서 있든 삶의 과정 속이 아닌 적은 없지만, 어느 순간 우리는 삶의 한가운데를 지나고 있구나 하는 기이한 느낌을 가질 때가 있다는 것. 그래서 이 세계가 평소 자신이 알고 있던 것과는 다르게 나의 감각에 감지됨으로써 낯설고, 너무나 신비로워 자신의 실존을 놀란 눈으로 둘러보게 하는 순간이 있다는 것. 시인 이우걸이 시간을 "부석거리는" 것으로 감지한 것이 그런 경우일 것이다. 삶과 존재의 추상을 자신의 감각적 실체로 바꾸어 인식함으로써 제 나름의 실존적 의미를 획득해내는 순간, 바로 체득의 순간이 생의 한가운데라는 의미 있는 지

점이 아닐까 하는 것이다. 그만이 이 시점에서 얻을 수 있는 생의 본질적 감각을 거기에 집약시켜 놓을 수 있지 않겠느냐는 것이다.

　이러한 순간은 누구에게나 열려 있지만 이를 삶의 한 과정으로 승화시켜 의의 있는 삶을 만들어가는 것은 누구에게나 똑같이 주어져 있는 것은 아니다. 순간에 드는 기이한 느낌을 삶의 중요한 패턴으로 승화시킬 수 있는 능력은 자신의 삶에 대해 늘 깊게 고뇌하는 사람에게만 나타나는 것이 아닐까 한다. 준비되어 있는 자만이 늘 예민하게 그것에 대해 반응하고, 그 반응을 통해 무엇인가를 포착할 수 있기 때문이다. 따라서 현존을 "부석거리는" 시간의 이미지로 표상한 이우걸 시인에게 지금의 삶의 현실은 매우 예사롭지 않은 시간대로서 죽음과 관련된 시점일 것이다. 그런 차원에서 이와 같은 감각과 감정을 표현하는 시들은 매우 쓸쓸함과 스산함에 가득 차 있다. 노년의 삶의 양상을 보여주는 다음 시편들은 이우걸 시인의 최근 심정을 잘 보여주는 것들일 것이다.

　　오늘은 먼 데서 올 옛사람을 기다린다

　　빈 벽에 기대선 그림자가 쓸쓸한 오후

　　자신을 되돌아보니

용감하지도 못했다
　　　　　　　　　　　　　　　―「터미널 엘레지」 부분

　　아무리 변명해 봐도 쓸쓸한 저녁이다
　　갈 곳을 못 정한 채 온종일 서 있다가
　　이제사 가야 할 주소를 확인하고 있는 것처럼

　　신호등은 간단없이 눈망울을 굴리지만
　　나는 그저 멍한 자세로 앞을 보고 있을 뿐이다
　　지나온 많은 길들이 밤비에 젖고 있다
　　　　　　　　　　　　―「이우걸 전집을 다시 읽으며」 부분

　두 편의 시는 모두 나이 듦에 따른 삶의 적막과 쓸쓸함에 대해 읊조리고 있다. "빈 벽에 기대선 그림자가 쓸쓸한 오후"나 "아무리 변명해 봐도 쓸쓸한 저녁이다"는 다 노년의 현실을 암시하는 '오후'나 '저녁'을 언급하면서 쓸쓸함을 표현하고 있다. 그러면서 두 작품 공히 "자신을 되돌아보니"와 "지나온 많은 길들"이라는 표현을 통해 자신의 삶에 대한 회한과 자책의 감정을 내비치고 있다. '부석거리는 시간'의 심리적 가치와 등가의 관계에 놓인 표현들이라 해도 이상하지 않다. 그렇지만 늙음에 대한 상념은 나이 든 사람들의 어쩔 수 없는 현상이라 할지라도, 이우걸 시인은 이 시들에서 자신의 삶에 대한 회고를 통해 "용감하지도 못했다"란 말로 반성과 자책을 결행하고, 더 나아가 "이제사 가야 할 주소를 확인하"고자 하는 미래지향적 삶의 태도를 지녀 일정 부분 의지적 측면을 확보하고 있다. 이는 일부 노년문학이 갖는 탄식과 적막의 감상에 함몰되지 않는 부분이 이우걸 시에 있다는 말이 된다.

  나이가 들어서야 죽음에 대해 더욱 실체적으로 느낄 수 있을 것이다. 그렇다고 모든 노인들이 죽음에 대해 예민한 것은 아니다. 하지만 시인 이우걸은 실존적 존재로서 죽음에 처단된 인간 존재의 감각을 '시간의 부석거림'으로 발견해내고 이를 시조의 형식 속에 탄력적으로 형상화함으로써 노년적 존재의 본질과 지향을 너무도 잘 드러내고 있는 것이다. 시인 이우걸의 지금 시들이야말로 생의 한가운데를 너무나 구체적이고 감각적으로 지나고 있다고 말할 수 있지 않을까. 생의 감각을 통해 존재의 심연을 가장 본질적이고도 감각적으로 넘어가고 있는 형상으로 말이다. 그런 점에서 그의 시를 감각적으로 받아들이게 된다면 우리 또한 '시간의 부석거림'을 제 나름의 감각으로 받아들여 오래 고통스러워할지 모른다.

존재의 본질 탐구와 자아 인식

사람들은 어쩌면 죽음을 실존의 감각으로 느끼게 되는, 나이 든 시기에 더욱 존재의 본질에 대해 성찰을 하게 되는지도 모른다. 나이 지긋한 사람들은 자신의 삶과 존재에 대한 일정한 의미를 찾지 않고서는 생이 곧 덧없게 스러질 수도 있다고 느낄 수도 있으니, 그들에게 사색과 숙고는 죽음을 앞둔 존재로서 필연적으로 취할 수밖에 없는 태도일 것이다. 시인 이우걸의 이번 시집도 존재의 본질에 대한 성찰과 탐색으로 가득 차 있다. 이미 '시간의 부석거림'이라는 감각적 이미지로 그 한 예를 보여주고 있긴 하지만 삶을 꽤 살아본 이 시점에서 자신의 정체성과 실존적 삶의 지향에 대해 자문하고 탐구해가는 모습은 진지하다 못해 애잔한 형상을 띤다.

> 부모님의 봉분은 늘 하나의 질문이지만
> 아직도 그 질문에 답하지 못하고 있다
> 내게는 삶에 대해서
> 늘 준비가 부족하다
>
> 꽃피고 새가 울 때 그 질문을 생각한다
> 눈, 비 오고 비람 불 때도 그 질문을 생각한다
> 막연한 상상이지만 나만의 과제이므로
>
> 가을날 성묘를 하고 낙동대교를 건너오면서

노을을 안고 흐르는 핏줄 같은 강을 보았다

잠시 본 그 흐름 속에

어떤 답이

있는 듯했다

―「발견」 전문

너를 생각하며 이 다리를 건너왔다

아무리 되돌아봐도 이 길밖에 없었다

건너온 이 다리마저

남아 있지 않을 것이다

나는 누구인가

나는 네게 무엇인가

밤새 뒤척여도

떠오르는 답이 없지만

창가에 햇살 비치면 또 너를 그리워하리

너도 내게 무엇이라고 부를 수 없으리라

그러나 이 광야에서 정처 없이 헤맬 때

맨 먼저 등불을 들고 나를 찾아주기를

―「마지막 기도」 전문

이 두 편의 시를 관통하는 것은 존재의 본질에 대한 질문이다. 질문은 어떤 답을 전제로 한 것이기에 끊임없는 사색을 유발하고, 제 나름의 결론을 도출하게끔 만든다. 모두 '나', 혹은 '나의 삶'은 무엇인가 하는 질문이고, 그것을 통해 시적 화자는 "늘 준비가 부족"한 것을 느끼거나 "떠오르는 답이 없"는 것을 확인한다. 한마디로 방황과 번민 속에 놓인 '나'란 존재의 실존성을 탄식하거나 뇌까리고 있는 셈이다. 진리를 확정할 수 없는 인간의 불완전성으로 인해 발생하는 고통, 슬픔, 안타까움 등이 이 시들의 내적 정서이자 메시지다. 그것은 존재의 어찌할 수 없음에 의해 발생하는 처연함이다.

　그러나 이 시들이 가지는 가치는 끊임없는 자아의 실존에 대한 성찰로 현존적 삶의 나태나 방치 등의 병적이고도 부정적인 삶의 태도에서 벗어나 있다는 사실이다. "인생이란 노를 젓는 뱃사공의 하루 같은 것/당신이 베니스에 있는 동안/나는 나를 마신다"(「카페 피렌체에서」)의 표현에서 볼 수 있는 것처럼 반성과 탐구는 나의 본질에 대한 갈증의 강렬한 갈망으로 드러나 "나는 나를 마신다"의 놀라운 시적 경구를 탄생하게 만든다. "마신다"란 행위가 합일의 의미를 지니고 있음을 고려해 본다면 이 구절은 내가 진정한 '나'를 찾는 것을 항상 의식함으로써 진정한 자아로 살겠다는 의지의 발현으로 풀이해 볼 수 있다.

　때문에 이러한 존재의 본질에 대한 탐구는 현실 속의 진정한 자아의 정체성이 무엇인지를 확인하는 의식으로 나타나고, 보다 현실적이고 진정성 있는 자아로 설 수 있기를 희망하는 것으로 진전된다.

    어떤 플랜이 맴돌곤 하지만

    지금은 나를 가르칠 무욕(無慾)이 필요한 시간

    바위나 돌을 만나러

    산으로 가고 있다
　　　　　　　　　　　―「산으로 가고 있다」 부분

    의자와 지폐를 쫓던

    시간들이 흘러갔다

    먼 데 구름과도 눈 맞출 수 있게 되었다

    낙엽을 깔고 앉아서

    바둑돌을

가리고 있다

—「오후」 전문

 이우걸 시인에게 당면한 늙음이란 시간의 문제에 대한 성찰의 내용이다. 특히 늙은 존재로서 현재적 나는 어떤 정체성을 가지고 살아야 할 것인가에 대한 진지한 사색을 담고 있다. 「산으로 가고 있다」에서 나는 "무욕(無慾)이 필요한 시간" 속에 놓여 있음을 자각하고 있다. 그래서 무욕의 실천으로서 "바위나 돌을 만나러//산으로 가고 있"는 삶의 형상을 취한다. 세속적 욕망으로부터 초연함은 「오후」에서 "의자와 지폐를 쫓던//시간들이 흘러갔다"나 "먼 데 구름과도 눈 맞출 수 있게 되었다"에 잘 나타나고 있다. 이 시 역시 무욕의 실천으로 "낙엽을 깔고 앉아서//바둑돌을//가리"는 한정과 여유를 표현하는 것으로 실현된다.

 이 시들에서 문제적인 것은 세속적 욕망의 초월 내지 초연함이 아니다. 어쩌면 욕망으로부터의 초월은 공허하기 쉽다. 그런 점에서 새로운 욕망의 출현이 중요하다. 즉 '산'으로 가는 친자연적 태도나 '바둑'으로 대표되는 여기(餘技)가 궁지에 몰려 어쩔 수 없는 삶의 형식으로 맞는 것이 아니라, 여러 삶의 과정을 거친 뒤 진정으로 만나야 할 삶의 형식으로 새롭게 깨닫고 있다는 점이다. 흔히 말하는 강호가도(江湖歌道)나 강호한정(江湖閑情)의 삶은 뒷방 늙은이의 삶이 아니라 참된도(道)라 할 수 있는 무위자연의 삶에 부합된다는 인식이다.

그 점에서 "떨어지는 폭포수도 나름의 금도가 있다/온갖 악다구니로 숱한 밤을 지새우지만/바다에 닿을 때쯤엔/귀로 들을 소리가 없다"(「물에 대하여」)에 보이는 '폭포수의 금도'는 시인 이우걸이 노년의 삶에서만 얻을 수 있는 삶의 지혜다. 바다에 닿을 때쯤엔 소리를 내지 않는 물의 '금도'는 젊음이라는 생의 파란만장함, 곧 "온갖 악다구니"를 겪어본 사람들만이 가질 수 있는 삶의 자질이기 때문이다. 즉 이런 자질을 존재의 본질로 갖춘 사람이야말로 죽음으로 처단된 인간 존재의 본질에 대해 보다 더 깊은 성찰을 할 수 있을 것은 당연하다.

이우걸 시인은 바로 이 점에서, 그리고 이 점으로 생의 한가운데를 지나고 있다. 노년 삶의 특성을 통해 인간 존재의 본질을 성찰하고 있는 것이다. 이런 해석은 이번 시집의 표제작인 「모자」에도 그대로 적용된다.

   1

   모자의 내면을 다 읽는 사람은 없다
   모자는 모자니까 그저 쓰고 있을 뿐이다
   그러나 그저 단순히 모자인 모자는 없다

튼튼한 방패거나, 섬세한 장식이거나, 눈부신 휘장이
거나 또 하나의 가면이거나……

　　수많은 필요에 의해
　　모자는 태어난다

2

　　오늘 아침 세수를 하다
　　속이 빈 머리를 보고
　　내 허전을 달래기 위해 백화점에 나와서
　　비로소 모자를 본다
　　모자를
　　읽어본다
　　　　　　　　　　　　　　　　―「모자」 전문

　이 시에서 노년 삶의 모습은 "속이 빈 머리"로 형상화된다. 그 노년의 형상은 심리적인 면에 어떤 '허전'함을 끼친다. 있었던 머리털이 점차 없어져 간다는 점에서 그것은 상실이자 결핍의 정서를 유발할 것은 틀림없다. 그런데 문제는 시적 화자가 여기서 단순히 감회에 그치지 않는다는 점에서 발생한다. 즉 "허전을 달래기 위해 백화점에 나와서/비로소 모자를 본다"라는 의미심장한 진술에 문제성이 깃들어 있다. 시적 화자에게 "모자"는 결핍을 환기하는 것이 아니라 결핍을 통해 새롭게 채워지는 생의 실존을 바라보게 하는 것이다. 시적 화자에게 노년은 숱 많은 머리털로 존재하는 것이 아니라 "속이 빈 머리"와 "모자"로 통합된 상태로 존재하는 것이란 인식이다. 그런 점에서 이 부분은 노자적(老子的) 인식, 비워지는 것이 채워지는 것이다란 생각을 품게끔 한다. 모자는 여기서 채움, 균형, 조화 등을 상징함으로써 새로운 삶과 존재성을 대변하는 표지가 된다.

이는 특히 "비로소"가 가지는 의미, 즉 '시작'이라는 의미를 감안할 때 더욱 그렇게 생각할 수 있다. 그리고 "모자를/읽어본다"에 나타난 '읽어봄'의 의미, 즉 터득과 앎이란 암시적 의미를 통해 볼 때, "속이 빈 머리"로 인해 발생하는 모자 쓴 삶은 늙음으로 인해 비워지는 것이 실상 새로운 것으로 채워지는 삶의 양상이라는 비유인 것이다. 때문에 늙음이란 퇴조와 상실이 아니라 새로운 형태로의 변형과 이전인 셈이다. 이 사색을 조금 더 그대로 밀고 나가면 이우걸 시인에게 죽음이란 것도 새로운 물질로 채운 삶의 형태로의 이행일 따름이다.

영혼의 집과 성스러운 자연

죽음은 존재의 소멸이다. 소멸이란 흩어짐이요 사라짐이다. 곧 무정형이다. 죽음을 앞둔 존재는 존재의 영원성을 갈구하게 될 것이 분명하다. 그럴 때 무정형에 정형을 부여하고, 물러 사라지기 쉬운 것에 단단함과 지고성을 부여하게 된다. 이우걸 시인 역시 이러한 상상력을 발동하는데 그에게는 이것이 특별히 '집'이라는 건축물로 나타난다는 것이 특색이다. 죽음으로 인한 존재의 소멸이 아니라 영혼의 거처로서 새로운 집을 건설함으로써 존재의 구원을 얻고자 하는 것이 시인 이우걸의 시적 지향인 것이다. 이것은 존재의 전환에 해당하는 것으로 늙음 다음에 오는 시적 도정이라 할 수 있다.

    한 권의 건축을

    밤마다 꿈꾸고 있다

    내가 가진 세계의 수많은 이모티콘으로

    내면의 허기를 메울

    그런 집을 꿈꾸고 있다

―「집」 부분

시집이란 한 시인의 울음이 사는 집이다
슬프게 울거나 기쁘게 울거나
우리는 그 울음소릴 노래처럼 읽곤 하지만

가슴에 품어보면 한없이 정겹고
떼어놓고 바라보면 어쩐지 짠해오는
불면의 밤이 두고 간
아, 뜨거운 문장들

―「시집」 전문

  묘하게도 시인에게 집은 "한 권의 건축"에서 알 수 있듯이 책이자 건축물이다. 즉 시집이자 영혼의 거처로서 집인 것이다. 집이라는 단어가 갖는 언어유희적 속성이 있다고 하여도 시인의 어법으로 볼 때, 언어적 질서로 뼈대를 구축하고 있는 책이 집으로 인식되고 있다고 말해야 할 것이다. 먼저 「집」에서 시적 화자는 "내면의 허기를 메울//그런 집을 꿈꾸고 있다"고 진술하고 있다. 그런 점에서 집은 존재의 결핍, 즉 늙음으로 표상된 상실이나 죽음을 이겨내는, 혹은 채워내는 새로운 장소로 볼 수 있다. 특히 인용에서 생략된 "새로 필 꽃들을 위한//말의 집"이거나, "때로는 종교가 되고 때로는 철학이 되는//밤마다 간구해오던//내 기도가//영글 집"이라는 언어의 집이자 기도의 집임을 알 수 있다. 말은 "새로 필 꽃들을 위한" 생명력과 아름다움을 가진 언어, 즉 시로 형성된 집이며, 기도는 "밤마다 간구해오던//내 기도가//영글" 영혼을 구원하는 종교적 집임을 알 수 있다. 그렇게 볼 때 이우걸의 시에서 집은 죽음으로 다가오는 존재의 소멸에 대해 구원의 형식으로 나타나는 예술과 종교의 속성이다.

그런데 시인은 이를 좀 더 명확히 「시집」에서 밝히고 있다. "시집이란 한 시인의 울음이 사는 집이다"란 매우 놀라운 잠언적 경구를 읊으면서 시집이 갖는 가치를 해명하고 있다. 시집은 집이되 한 시인의 울음이 사는 집이란 인식은 참된 건축물은 울음을 질료로 하여 지어질 필요가 있다는 생각을 드러낸다. 그렇다면 여기서 울음이란 무엇인가? 그것은 "불면의 밤이 두고 간/아, 뜨거운 문장들"에 함축된 고통과 번민이며, 존재의 본질이나 심연을 느끼게 하는 생의 감각들일 것이다. 그것은 '시간의 부석거림'에서 보았던 시인의 신비한 공감각에서 발생하는 정서와 감각일 것이다.

그렇지만 시인은 울음의 의미에 대해 다른 시에 다음과 같이 밝히기도 한다. "어둠을 퍼내기 위해 태어나는 악기도 있다/그 악기의 일생이란 늘 울음의 나날이지만/우리는 그 울음 때문에/밝아지는/세상을 본다"(「장사익」) 이 시에서 울음은 악기의 소리로서 세상을 밝아지게 하는 매개체다. 혼탁한 세상을 울음과 눈물로 맑고 밝게 정화한다는 것이다. 시인의 울음이, 시인의 울음으로 구축된 시집이, 시인의 울음이 배어

들어 있는 뜨거운 문장이, 그 문장으로서의 시가 바로 그런 기능을 하고 있다는 것이다. 이것은 이우걸 시인이 예술로서 시적 기능에 대해 깊은 애정과 함께 무한한 가능성을 기대하고 있다는 말과 다름없다. 그것은 거의 영적 실체로서 시를 인식하고 있다는 말이 된다.

때문에 "한 채의 고요였다//적막한 사원이었다"(「묵언 시집―김춘수」)라고 시를 하나의 건축물로 보면서 동시에 성스러운 '사원'의 이미지를 부여하는 것은 너무나 자연스럽고 당연한 일이다. 그렇게 본다면 시집이야말로 기도로 구축된 영혼의 집이자 무정형으로 흩어지기 쉬운 이 지상에 정형과 압축으로 생명의 힘을 응결하는 존재의 집이다. 더 나아가 시, 그중에서 압축과 탄력을 그 형식적 본질로 하는 시조야말로 시인 자신의 무상한 삶을 붙잡아 직조해내고 아름다움이라는 영성을 불어넣어 새기는 영혼의 집이라 할 수 있는 것이다.

그런 점에서 다음에 보게 되는 자연 성화(聖化)의 시편들은 그가 가닿을 수 있는 영적 통합체로서 시의 집이자 영혼의 거처를 잘 보여주는 작품들이다.

    오늘밤 사제는

    저 하늘의 달님이다

간구의 손 모으고

조용히 눈을 감으면

한 말씀 둥글게 담고 조심조심 떠오른다
―「보름달」 전문

대청성당 뜨락에 흰 눈이 내리고 있다

미사포를 쓰고 있는 주일의 여인들처럼

고요를 받들고 있는

나무들이 숙연하다
―「겨울 미사」 전문

  위의 시들은 자연과 인간, 그리고 신들의 참여에 의해 이루어지는 성현(聖顯)의 세계를 드러낸다. 모든 존재들이 영적 충일성에 의해 소외를 겪지 않고도 살 수 있는 원환적(圓環的) 세계를 반영한다. 모든 존재들이 이러한 시적 인식에 놓여 있다고 본다면 죽음의 공포에서 어느 정도 벗어났다고 말할 수 있지 않을까? 참으로 아름답고 따뜻한 시적 풍경이자 결

정체라고 말할 수 있다는 점에서 말이다. 시인 스스로도 신운(神韻)이 도는 시적 경지를 개척함으로써 '달님'과 소통하며 내리는 '흰 눈'에 의해 "고요를 받들어" 미사를 드릴 수 있는 나무와 같은 존재로 설 수 있게 된 것은 영적 눈뜸이라 할 수 있다. 그 점에서 이 시들은 결핍과 상실의 감정으로 대변되는 죽음의 공포를 넘어 완성과 충일로 구축되는 영혼의 집을 상징하는 것이라 할 수 있는 것이다.

  시인 이우걸은 죽음의 문제로 고뇌하는 노년의 자아에서 자기 구원을 얻기 위해 의지적 지향으로 추구했던 시적 건축물 끝에서 자연의 성현을 발견하게 된다. 그 과정에서 부조된 신성은 존재의 무상함을 달래주는 단 하나의 젖줄이었던 셈이다. '시'와 '집'의 결합은 결국 세계의 성현으로 귀결되어 우주적이고도 일원론적인 세계 인식으로 나아가 존재의 구원을 달성한다. 자신의 내부에 깃들어 있는 시적 자질, 즉 시조의 형식을 빌려 신운을 획득함으로써 진정하고 완전한 자아로 나아가는 인류의 원망(願望)을 이번 시집을 통해 보여주고 있다. 그 점에서 이 시집은 인간의 영원한 꿈의 기록이자 보고다.

이 도서의 국립중앙도서관 출판시도서목록(CIP)은 서지정보유통지원시스템 홈페이지(http://seoji.nl.go.kr)와 국가자료공동목록시스템(http://www.nl.go.kr/kolisnet)에서 이용하실 수 있습니다.(CIP제어번호: CIP2018033075)

시인동네 시인선 098
모자
ⓒ이우걸

초판 1쇄 발행	2018년 10월 26일
초판 2쇄 발행	2022년 4월 20일
지은이	이우걸
펴낸이	김석봉
디자인	헤이존
펴낸곳	문학의전당
출판등록	제448-251002012000043호
주소	충북 단양군 적성면 도곡파랑로 178
전화	043-421-1977
전자우편	sbpoem@naver.com

ISBN 979-11-5896-395-8 03810

*이 책의 판권은 지은이와 문학의전당에 있습니다.
*양측의 서면 동의 없는 무단 전재 및 복제를 금합니다.
*잘못 만들어진 책은 바꿔드립니다.
*이 시집은 2018 경남문화예술진흥원 지역문화예술육성지원사업 보조금을 지원받아 제작되었습니다.

경남문화예술진흥원